這個時候怎麼辦？

3
出門社交

峯村良子 繪著　唐亞明、崔穎 譯

香港中文大學出版社

前　言

　　如果要培養孩子們的「禮儀規範」，從哪兒教好呢？教什麼呢？有時大人們也會不知所措。這套圖書集中介紹了日常生活中的禮儀規範，希望對大人和孩子都有幫助。

　　禮儀規範不是什麼特別難的事情，它是在日常生活中為了讓我們每天心情愉快而應該遵守的社會規範。我們與親朋好友交往，與學校和周圍接觸到的人們交往，更廣泛地說，與世界上的人們友好相處，都需要禮儀規範。遵守禮儀規範也是培養孩子們尊重他人的意識和愛心所不可缺少的。有時候，我們沒有意識到自己的行為給別人帶來了困擾和不必要的麻煩。什麼是困擾和麻煩呢？孩子們也許並不明白，究竟什麼事情好，什麼事情不好，它們不同在哪裏？如果有了辨別能力，那麼在遇到問題時，孩子們自然而然就懂得如何對待和處理了。

　　這套書用圖畫和文字來講解各種禮儀規範，淺顯易懂，沒有必要把它們都背下來，即使有的內容忘記了也沒關係。孩子們會通過自己的理解，記住它，並在生活中有禮貌地待人接物。

　　這套圖書有五本，每本有一個主題，基本包括了兒童日常生活中需要遵守的禮儀規範，但也並不是那麼絕對的，每個家庭或學校都可以根據自己的教育方針進行增減。

　　如果這套圖書能有助於培養孩子們遵守秩序、懂禮貌、有正義感、遇到問題時能換位思考、事事為他人着想，並會積極地解決難題，我將感到非常榮幸。

　　此卷的主要內容是：為了不給他人找麻煩，以及避免遭遇事故而應當遵守的出門時的禮儀規範。孩子們外出時，如果不萬分注意是很危險的。騎單車和乘坐其它交通工具時的規矩，去圖書館和醫院時的規矩，旅行時的注意事項等，對於外出安全極為重要。

目　錄

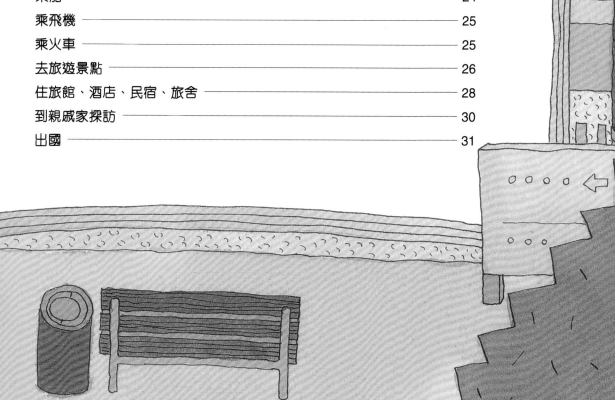

上街 —— 騎單車的規矩

不要輕易急煞車
特別是前輪的急煞車
很危險

除單車可通行的
道路以外
其他道路不能騎車
下雨時不要騎着車打傘

不要載人
騎車

遵守信號燈規定
有單車專用信號時
按信號燈指示行動

轉彎時
必須確認信號燈
順着路邊
減速轉彎

注意汽車
和行人

單車專用
路標誌

過斑馬線時
推車走過馬路

到3、4年級以後,再一個人騎車上馬路,
低年級的孩子在路上騎車時,一定要和大人在一起。
*各地方路況不同,安全至上

騎 單 車 的 基 本 規 矩

騎車之前

檢查煞車
和車燈等

交通規則

單車道

騎單車的原則是
與汽車同一方向行駛。
騎車時注意汽車,
遇到行人時,
行人優先。
如有單車標誌,
在有標誌的路上騎。

車道

戴上頭盔

禁止事項

夜晚無車燈✘
夜晚必須
開車燈

隨便停放✘
在指定場所以外
禁止停放單車

4

騎車時
不能鬆手
或單手扶把

不能穿木屐
或厚底鞋
騎車

喂——
危險!

斜穿馬路或
突然掉頭
很危險

在指定的場所停車
按順序整齊排放
別忘記上鎖

不要飛車或
突然竄出

不要拉着
寵物騎車

如非必要
不使用車鈴

在人多或路窄的地方
下來推車前行
不要左右閃來閃去

不要亂停亂放

騎適合自己
身高的單車
太大的車子
危險

丁零零

自動人行道

不要跑 自動人行道加了速，
有時或會突然停下，
撞上人很危險。

電扶梯

站在一側
按順序乘電梯

別往上跑

不向相反方向跑
不在電梯上玩耍

電梯

乘電梯先下後上

如站在按鈕前，
為出電梯的人
按「開」的按鍵。

電梯裏不喧譁，
為出電梯的人讓路。

不單獨和不認識的人
同乘電梯
如果只剩兩個人，
站在按鍵前，
感覺異樣時，
立刻出電梯。

集體乘車時
不要集中在門口或堵住通道
放低說話聲音
不要大聲喧譁

等等！

快關門時
不匆忙上車

車廂裏面一般比較空
上車後
儘量往裏走

讓開車門前
正中位置
站在車門兩側
等車

先讓乘客下車
再到自己上車

在車內
不要吃喝

聽音樂的音量
不要太大

不要穿着鞋
踩座椅

濕雨傘不要碰到
別人身上

把垃圾帶下車
扔進垃圾箱

不織東西
毛衣針扎到人
很危險

不翹二郎腿
或岔開腿
不向前伸直雙腿

6

注意開門關門時
手不要被夾傷

沒有特殊情況
盡量不要坐在
優先座位上

不要在月台
和車廂裏
亂跑打鬧
這樣很危險

主動幫助
有困難的人

我看不清楚

~3元？
~8元？

是3元

不要把身體吊在吊環上

坐得緊湊點
還可以
多坐一人

在地鐵裏不大聲
接電話或玩遊戲機

您坐吧

謝謝

自己的東西
放在腿上

不要站在
座位上
不要大聲喧譁

不要坐或蹲在地上

讓座予老年人、殘疾人、
孕婦和抱小孩的人

乘公共汽車

提前準備好
付款卡或
零錢

咦？
從後門
上車？

有各種不同的
乘車方法
看好停車牌上的
注意事項
或看別人怎樣乘車

注意聽售票員或
廣播報站
不要下錯站

下一站是

車內擁擠時
盡可能
往裏站
大家一起
給下車的人
讓路

濕雨傘
別碰到別人
將傘拿到前面
地板有水時
注意別滑倒

請

有人站着時
盡可能不坐
把座位
留給
需要的人

不大聲
打電話

下車後
馬上離開
公共汽車
防止被碰傷
危險！

公共汽車裏不大聲喧譁
不亂跑玩耍

在車站按順序排隊
排成一列，不插隊

久等啦……

乘汽車

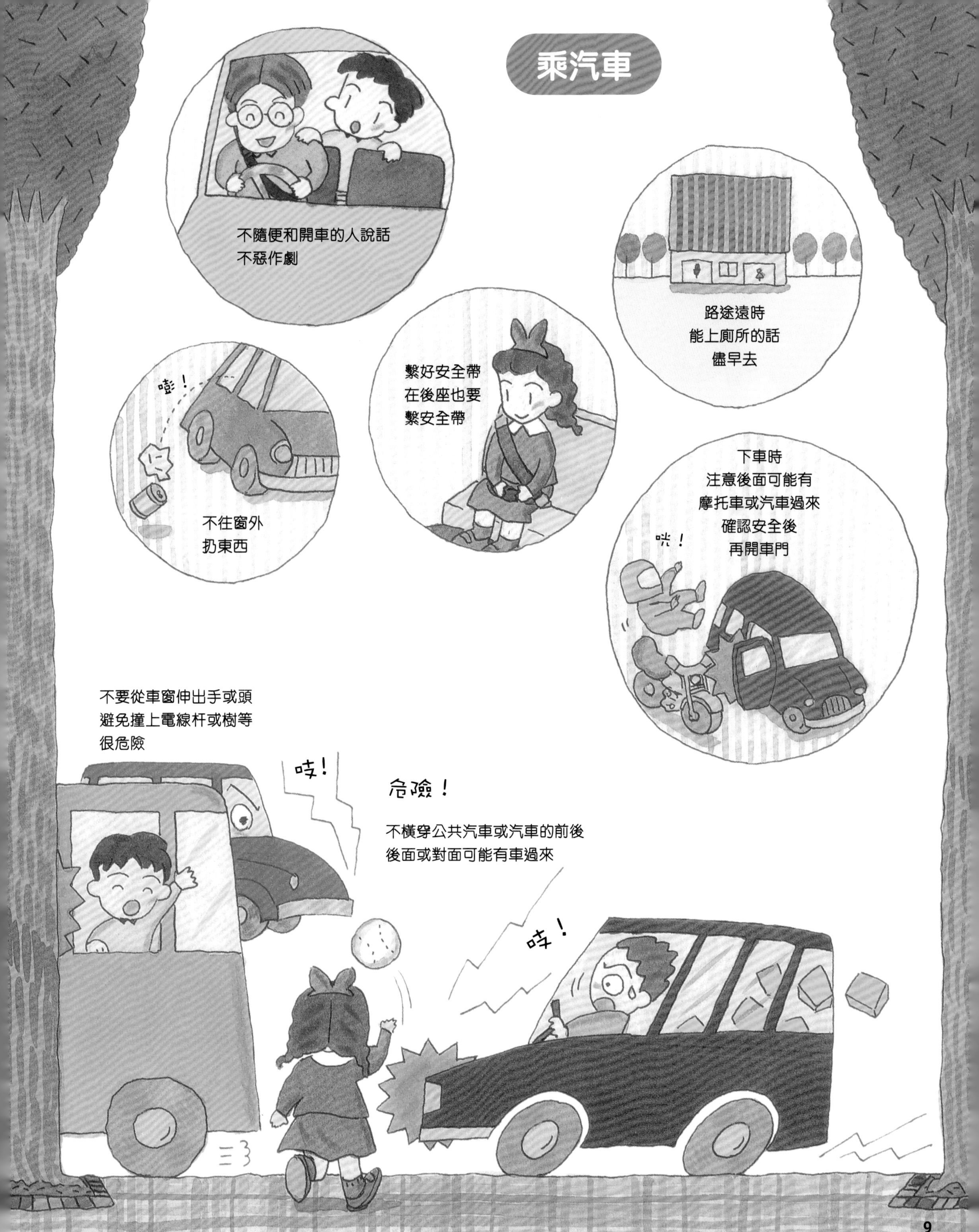
不隨便和開車的人說話
不惡作劇
路途遠時
能上廁所的話
儘早去
嘭！
不往窗外
扔東西
繫好安全帶
在後座也要
繫安全帶
下車時
注意後面可能有
摩托車或汽車過來
確認安全後
再開車門
咣！
不要從車窗伸出手或頭
避免撞上電線杆或樹等
很危險
吱！
危險！
不橫穿公共汽車或汽車的前後
後面或對面可能有車過來
吱！

去朋友家玩

吃東西時
注意禮節
不要邊吃邊掉
或邊走邊吃

遵守約定的時間
按一次門鈴後
等候主人家來開門

鞋放
整齊

歡迎

和朋友家裏的
人打招呼

你好

去的地方和
回來的時間
跟家人說清楚
再出門

鞋裏面和
襪子別人都
能看見
穿上清潔的
鞋襪去做客

喂
喂

歡迎

請

你好

打招呼

提前與對方
約定時間
最好避開吃飯時間

不要一個人喧鬧
破壞這愉快的會面

留宿時的禮儀

要帶去的東西	不要玩得太晚	不吃的東西說明理由不要觸摸	打招呼時聲音清晰	用過的東西整理後放回原位	盡可能幫助做些家務
洗漱用具　睡衣 換洗衣服	呵哈哈！	請……　已經吃飽了	早上好	被褥	擦洗

10

複印

複印時
別弄髒、
弄壞書籍

注意
○○○○○○

遵守圖書館的規定

哈哈哈

在視聽室
注意不損壞
錄像帶、CD 和 DVD 等

請愛護圖書
別損壞圖書

不在館內跑動

不大聲說話

拿出來的書
要放回原位

說話要客氣

不要在書上
亂寫亂畫

看完了的書
放回到
書架上

看書時
不要吃東西

讀書時
眼睛不能
離書太近
預防近視

請借給我這本書

圖書館

在室外看書時要到樹蔭下
在直射陽光下看書，會傷害眼睛

借來的書或 CD 等
遵守歸還日期
不要損壞或塗抹
或借給他人

12

別突然跳上道路

再見

再見

別去別人看不到
的地方
或沒人的地方

坐椅子時
輕輕拂去
塵土

遵守回家
時間

垃圾要扔進垃圾箱
如沒有垃圾箱
請帶回家

太陽下山後
不去公園玩

別進入
噴水池內
玩耍

需要我幫你嗎？

別鬆狗繩

不要往小湖或
噴水池內
扔東西

汪汪！

好可怕

禁止
危險的玩法

遵守公園的
各項規章制度

不採摘花草
不要折斷樹枝

呀！

危險！

讓我玩會兒

不

不要毀壞柵欄
或站在柵欄上
玩耍

謝謝

請坐

坐公園長椅
要謙讓

玩的時候
互相謙讓

海浪大時
不要到海裏
游泳玩耍

不要離岸邊太遠
會被海浪沖走

危險

危險

不要接近
危險的地方

哎呀！

在指定的
游泳區內游泳

如遇溺水者
一定要叫周圍的大人
不要自己去救

救命啊！

不要抓住別人的腳
或騎在別人背上玩
在水裏稍不注意
就會遭遇危險

游到那邊去吧！

我累了

有事一定
要叫救生員

不要勉強
累了就上岸休息

啊—

沙灘燙腳
準備好拖鞋

遮擋太陽的
遮陽傘

帽子

為免丟失
行李物品
大家輪流看守

深深插入沙子

啊—

不亂扔垃圾
應各自帶回家

防曬衣

吃太多的冷飲
會吃壞肚子

長時間日曬，皮膚會被曬傷
帶好帽子，穿好衣服，做好防曬準備

防止被風吹走
用石頭固定好四角

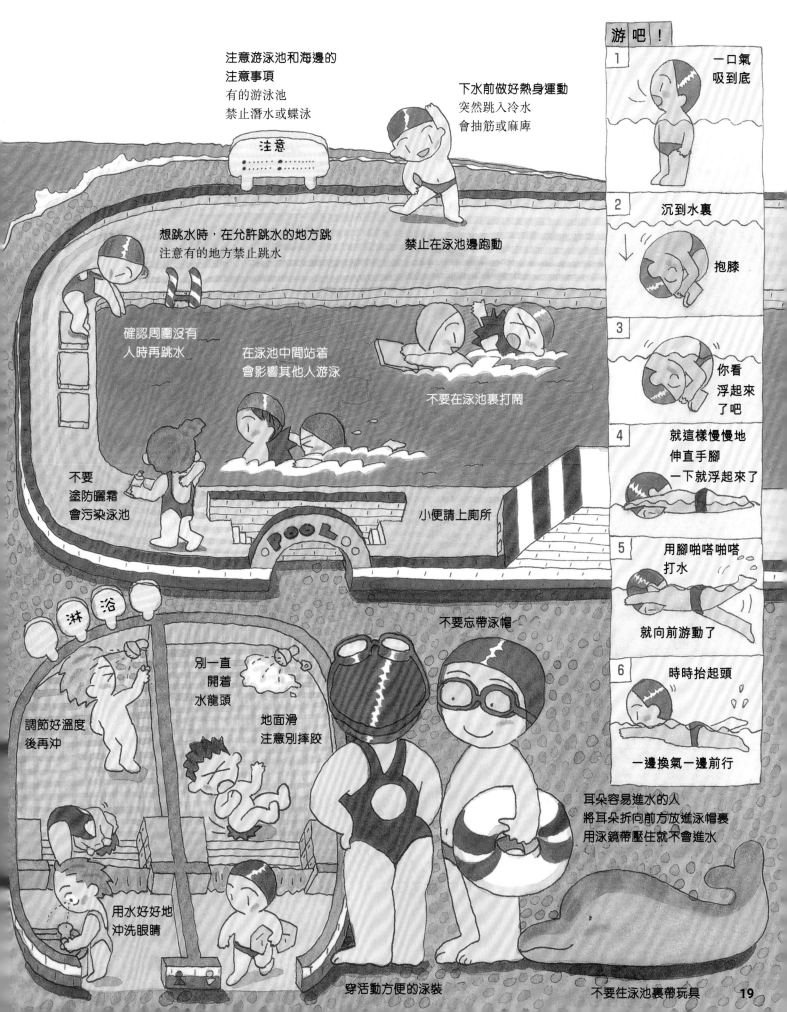

注意游泳池和海邊的
注意事項
有的游泳池
禁止潛水或蝶泳

下水前做好熱身運動
突然跳入冷水
會抽筋或麻痺

想跳水時，在允許跳水的地方跳
注意有的地方禁止跳水

禁止在泳池邊跑動

確認周圍沒有
人時再跳水

在泳池中間站着
會影響其他人游泳

不要在泳池裏打鬧

不要
塗防曬霜
會污染泳池

小便請上廁所

淋浴

別一直
開着
水龍頭

地面滑
注意別摔跤

不要忘帶泳帽

調節好溫度
後再沖

用水好好地
沖洗眼睛

穿活動方便的泳裝

耳朵容易進水的人
將耳朵折向前方放進泳帽裏
用泳鏡帶壓住就不會進水

不要往泳池裏帶玩具

游 吧！

1 一口氣
吸到底

2 沉到水裏
↓
抱膝

3 你看
浮起來
了吧

4 就這樣慢慢地
伸直手腳
一下就浮起來了

5 用腳啪嗒啪嗒
打水

就向前游動了

6 時時抬起頭

一邊換氣一邊前行

19

請不要
在座位上飲食

遵守那裏的規定

節目結束離開時
為了方便他人走過
將座椅扶起

不要遲到
如果遲到了
彎着腰
走到自己的
座位上

糟糕！

確認好安全出口
的位置

演出開始前去廁所

對號入座
不要坐錯座位

安全出口
EXIT

對不起

唉？

喀嚓
喀嚓

開演時儘量
不要穿過人前

不對號入座時
若要臨時離開
要在自己的座位
上放上東西
（別放貴重物品）

不要把腳
伸到通道

在座位上
小聲講話
開演後
不能講話

把帽子摘了
不影響後面
的人觀看
盡可能坐得低點

演出中
不要吃東西

嘿！

禁止滿場亂跑
禁止高聲喧譁

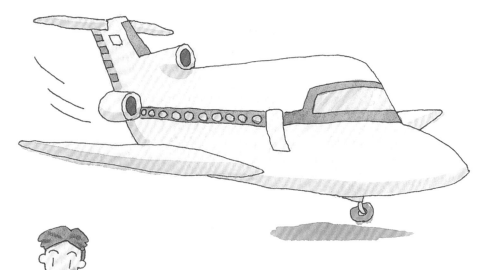

登機手續需要時間
要提前去機場

飛走了！

糟糕！

有問題時
請問乘務員

請

好冷啊……

不！

着陸或
吃飯時
請將椅背
恢復到原位

繫好安全帶

上飛機前
關閉手機和遊戲機的電源
為了飛行安全
必須遵守！

聽從乘務員
或廣播的
指示

哈哈……

不要大聲喧譁，影響別的乘客

25

旅館

浴室

進出浴池時用溫水沖洗身體

站着沖洗會影響別人

洗乾淨自己用過的盆和椅子

在浴室內走動時用毛巾擋在前面

不要把毛巾放進浴池

不要在浴池裏游泳

不要潛水

追跑危險

地很滑

裝飾品

不觸摸和損壞裝飾品

大堂和走廊

不觸摸裝飾品

不要亂跑

走錯路了先回到大堂

我不去！

不要大聲喧譁

可以穿浴衣在旅館內走動

行李

不把行李放到壁龕裏

寵物

預訂時事先問好可否帶寵物也有可帶寵物的酒店和旅館

被褥

簡單疊起來

旅館的人隨後會來整理

吃飯

一般旅館提供膳食到了吃飯時間會把飯菜送到房間也有的旅館按指定時間在餐廳吃

民宿●旅舍　　　　酒店

哈哈哈哈

還沒完？

輪流洗澡
泡澡時間
別太長
洗後
清理乾淨

一般多為西式陳列
在浴缸內洗澡
先把浴簾的下
擺放入浴缸
洗完後將掉落的
毛髮撿起
將洗澡水放掉
用水龍頭的水沖洗浴缸

我想
吃巧克力

住個人經營的
旅館如同
住在別人家
不能任性
自作主張

哎？
行嗎？

在酒店的
大堂和走道
穿着與外面相同
不能穿睡衣、
浴衣和拖鞋
離開房間

從壁櫃裏
自己拿出
被褥鋪床
用後被褥
放回原位

起來後被褥很亂
離開房間時
將床上
鋪蓋
整理一下

房間門多為
自動門鎖
離開房間時
必須帶好鑰匙
如被鎖在門外
或需要幫助時
與前台聯繫

餐廳

按指定
的時間
到餐廳吃飯
盡量遵守
吃飯時間

酒店一般
不包括膳食
可在方便時
到餐廳吃飯
（也有包括
膳食的酒店）

HOTEL

到親戚家探訪

來啦！
太好啦！

爺爺、奶奶、伯伯、伯母
都是親戚，撒點兒嬌也沒關係

有什麼難事時
可以和年長的
表兄弟姊妹商量
會聽到與朋友不同的
意見和建議

那種時候嘛……

這是給你的零用錢

謝謝，奶奶

不管收到了什麼
別忘了說謝謝！

他們都是今後也要一直交往的人
不要打架，好好相處

你的頭好亮……

即使是親戚
也不能沒禮貌
不該說的不說

最近
好嗎？

與爸爸媽媽
有血緣關係的、
自己家庭以外的人，
是自己家以外
最親近的人。

表姊妹兄弟
盡可能多見面、寫信
保持聯繫
交流不同地方的
各種信息

30

出國

不喝生水
有時外國的水
與我們平時喝的水不同
容易水土不服
想喝水時
買礦泉水喝

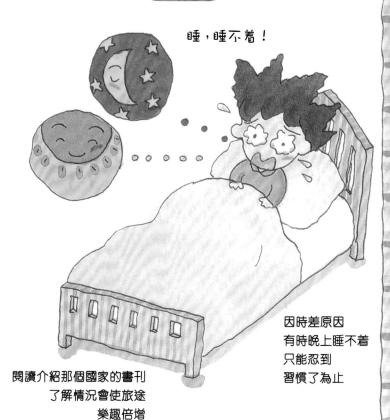

睡，睡不着！

因時差原因
有時晚上睡不着
只能忍到
習慣了為止

生活習慣和宗教信仰
包括打招呼的方法
都不相同
去以前好好查一查
那個國家的
風俗習慣

例如：
有的國家摸別人的頭
是很不禮貌的

摸一摸

閱讀介紹那個國家的書刊
了解情況會使旅途
樂趣倍增

不確定會遇到什麼情況
貴重物品交家長管理

怎麼了？

巴拉巴拉

絕對不要和大人分開
在語言不通的
外國走丟了
很麻煩！

在人行道走時
不要離馬路太近

《這個時候怎麼辦？③出門社交》

　　峯村良子　繪著

　　唐亞明、崔穎　譯

繁體中文版 © 香港中文大學2021

子どものマナー図鑑 ③でかけるときのマナー © 峯村良子

國際統一書號（ISBN）：978-988-237-234-4

出版：香港中文大學出版社

　　　香港 新界 沙田・香港中文大學

　　　傳真：+852 2603 7355

　　　電郵：cup@cuhk.edu.hk

　　　網址：cup.cuhk.edu.hk

What Would You Do in This Situation? ③ *Social Manner* (in Chinese)

　　By Ryôko Minemura

　　Translated by Tang Yaming and Cui Ying

Traditional Chinese edition © The Chinese University of Hong Kong 2021

Kodomo no Manâ Zukan 3 - Dekakeru toki no Manâ

Original Edition © 2000 by Ryôko Minemura

First published in Japan in 2000 by KAISEI-SHA Publishing Co. Ltd., Tokyo

Traditional Chinese translation rights arranged with KAISEI-SHA Publishing Co. Ltd.
through Japan Foreign-Rights Centre/Bardon-Chinese Media Agency

ISBN: 978-988-237-234-4

Published by The Chinese University of Hong Kong Press

　　　　　The Chinese University of Hong Kong

　　　　　Sha Tin, N.T., Hong Kong

　　　　　Fax: +852 2603 7355

　　　　　Email: cup@cuhk.edu.hk

　　　　　Website: cup.cuhk.edu.hk

Printed in Hong Kong